Do original da língua inglesa
THE LORD'S PRAYER
© C.R. Gibson Company

Tradução: *P. Abramo*
Revisão de texto: *Paulinas*

9ª edição – 2010
5ª reimpressão – 2023

Revisado conforme a nova ortografia.

Nenhuma parte desta obra poderá ser reproduzida ou transmitida por qualquer forma e/ou quaisquer meios (eletrônico ou mecânico, incluindo fotocópia e gravação) ou arquivada em qualquer sistema ou banco de dados sem permissão escrita da Editora. Direitos reservados.

Paulinas
Rua Dona Inácia Uchoa, 62
04110-020 – São Paulo – SP (Brasil)
Tel.: (11) 2125-3500
http://www.paulinas.com.br – editora@paulinas.com.br
Telemarketing e SAC: 0800-7010081
© Pia Sociedade Filhas de São Paulo – São Paulo, 1990

Alice, uma garotinha,
Quase sempre viajava.

O verde e o horizonte,
Era disso que gostava.

Um dia, sentada num toco,
Entre uns carvalhos velhos,

Lia uma história da Bíblia,
Seu livro sobre os joelhos.

Quis ler sobre Jesus
E as coisas que ele dizia,

Ao subir uma montanha
Com a gente que o seguia.

Falava de coisas belas.
Também falava de amor,

E ensinava a rezar
Ao Deus do céu, o Senhor.

Ali, sentada, pensava:
"Gostaria realmente

De ensinar a oração
De Jesus, a toda gente".

A oração do "Pai-Nosso"
Alice copiou, então.

Mas escreveu outra prece,
Pra servir de explicação.

Pai - Nosso...

Meu Jesus, você ensinou
Como devemos rezar
A Deus que é nosso Pai,
E não cansa de amar.

Você ama a quem errou
E aquele que age certo.

Nossa vida é mais feliz
Quando você está perto.

Que estás nos céus...

Querido Pai, lá do céu,
Desse teu trono tu lanças
Um olhar sobre o homem
Criado à tua semelhança...

Sabemos que cuidas de nós,
E ficas sempre por perto.

Sentimos teu Santo Espírito
Agindo em todos, por certo.

Santificado seja o teu nome...

Nós te chamamos de Deus,
Chamamos de Pai também.
Esses nomes são só teus,
Não pertencem a mais ninguém.

Ficamos muito felizes
Ao dizer teu nome santo.

Um sentimento sagrado
Cheio de amor e encanto!

Venha a nós o teu reino...

Teu reino, recanto feliz
Onde tudo se reparte:
Respeito, amor, bondade.
Muita paz em toda parte.

Com o nosso coração,
Aberto ao que diz Jesus,

Viveremos já na terra,
O reino da eterna luz.

Seja feita a tua vontade,
Assim na terra, como no céu...

Nesta terra e lá no céu,
És nosso Pai: nós cremos!
Teu Espírito nos guia
Desde a hora em que nascemos.

Também nos deste a Bíblia,
Pra conhecer tua vontade.

E ensinas o caminho
Da paz, do amor, da verdade.

O pão nosso de cada dia dá-nos hoje...

Ó Pai, muito obrigado,
Por tudo o que hoje temos:
Pela família e comida,
Pelo lar onde vivemos.

Não é só amor, comida,
Lar e vida em harmonia,

Mas também o que fazemos
É o pão de cada dia.

E perdoa as nossas ofensas...

Queremos seguir os teus passos,
Sempre, com boas intenções.
Mas sabes que sempre erramos,
Com palavras e ações.

Mas sempre, Pai, nos perdoas
Os erros que cometemos.

E nos livras dos pecados
Que a cada dia nós fazemos.

*Como nós perdoamos
a quem nos tem ofendido...*

Às vezes, certas pessoas
Dizem coisas pra magoar.
Mentem, espalham tristeza
Porque agem sem pensar...

Mas se alguém pede desculpas,
O que faremos, então?

Seguir, Pai, o teu exemplo,
E oferecer o perdão.

E não nos deixes cair na tentação...

Vamos fazer o que ensinas.
E, após termos caminhado,
Sempre saber escolher
Entre o certo e o errado.

Mesmo sabendo o caminho,
Vem, depressa, a tentação.

Mas tu, ó Pai, nos dás a força
Pra sabermos dizer não.

Mas livra-nos do mal...

E quando, nas horas duras,
Os problemas chegam a nós,
Sabemos que sempre ouves
E atendes nossa voz.

E a cada dia, nos livras
De dores, males e laços.

Tu nos permites dormir
Livres, em paz, em teus braços.

Pois teu é o reino...

O teu reino é o universo.
Governas o mar e a terra.
És o Rei de todos nós.
Teu Amor só bem encerra.

Governas o mundo inteiro:
E o que existe ao redor.

Teu Reino é de amor e paz.
És nosso Rei e Senhor.

Teu é o poder e a glória, para sempre.

Antes, nada existia.
Mas criaste com amor
Tudo o que habita a terra:
Homem, animais e flor...

Cada minuto do dia,
O mundo faz sua história.

Teu Reino é sem fim, Senhor!
A ti, ó Pai, louvor e glória!

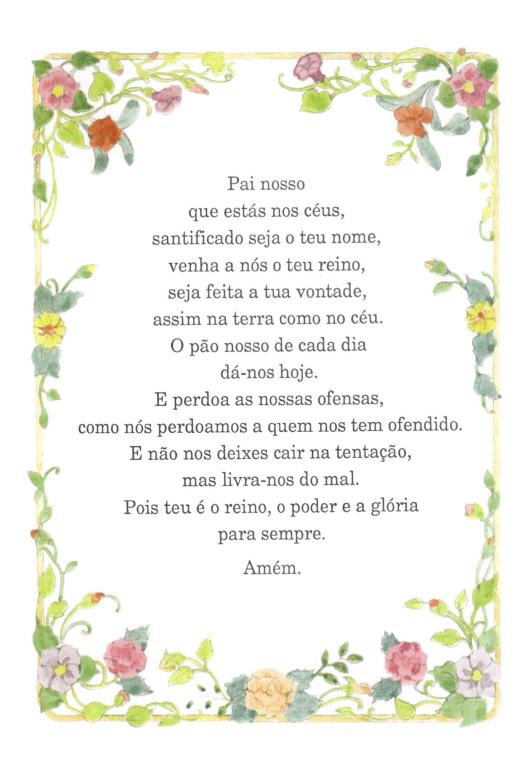

Pai nosso
que estás nos céus,
santificado seja o teu nome,
venha a nós o teu reino,
seja feita a tua vontade,
assim na terra como no céu.
O pão nosso de cada dia
dá-nos hoje.
E perdoa as nossas ofensas,
como nós perdoamos a quem nos tem ofendido.
E não nos deixes cair na tentação,
mas livra-nos do mal.
Pois teu é o reino, o poder e a glória
para sempre.

Amém.

ALICE NO MUNDO DA BÍBLIA

Novo Testamento

A história da multiplicação dos pães e dos peixes
A história da ovelha desgarrada
A história da Páscoa
A história de Jesus e seus discípulos
A história de Paulo
A história do Bom Samaritano
A história do Filho pródigo
A história do Menino Jesus
Pai-Nosso
Preces e ação de graças

Rua Dona Inácia Uchoa, 62
04110-020 – São Paulo – SP (Brasil)
Tel.: (11) 2125-3500
http://www.paulinas.com.br – editora@paulinas.com.br
Telemarketing e SAC: 0800-7010081